BLAZERS™
Bilingüe/Bilingual

CABALLOS DE FUERZA/ HORSEPOWER

MOTOS PARA PISTA DE LODO/ DIRT BIKES

por/by Matt Doeden

Consultora de Lectura/Reading Consultant:

Barbara J. Fox

Especialista en Lectura/Reading Specialist

Universidad del Estado de Carolina del Norte/

North Carolina State University

Capstone
press®

Mankato, Minnesota

Blazers is published by Capstone Press,
151 Good Counsel Drive, P.O. Box 669, Mankato, Minnesota 56002.
www.capstonepress.com

Library of Congress Cataloging-in-Publication Data
Doeden, Matt.
   [Dirt bikes. Spanish & English]
   Motos para pista de lodo/por Matt Doeden = Dirt bikes/by Matt Doeden.
   p. cm.—(Blazers—caballos de fuerza = Blazers—horsepower)
   Includes index.
   ISBN-13: 978-0-7368-6631-6 (hardcover)
   ISBN-10: 0-7368-6631-0 (hardcover)
   1. Trail bikes—Juvenile literature. [1. Trail bikes. 2. Motorcycling.] I. Title:
Dirt bikes. II. Title. III. Series: Blazers—caballos de fuerza.
TL441.D6418 2007
629.227'5—dc22   2006008478

Summary: Discusses dirt bikes, their main features, and how they are
   raced—in both English and Spanish.

Editorial Credits
James Anderson, editor; Jason Knudson, designer; Jo Miller,
   photo researcher; Eric Kudalis, product planning editor;
   settingPace LLC, production services; Strictly Spanish,
   translation services

Photo Credits
Corbis/NewSport/Larry Lasperek, 18–19; Tom Stewart, 12–13
Getty Images/Gary Newkirk, 22; Mike Hewitt, 28–29
Kinney Jones Photography, 21, 27 (both)
Steve Bruhn, cover, 5 (both), 6, 7, 8, 9, 14–15, 16, 17, 23, 24, 25
X-Gen Photo/Anthony Scavo, 10–11, 26

1 2 3 4 5 6 11 10 09 08 07 06

TABLE OF CONTENTS

TABLA DE CONTENIDOS

THE BIG FINISH/
EL GRAN FINAL

Dirt bike riders steer their bikes around the final turns. The engines whine. The rider on bike number 18 takes the lead.

Los pilotos de motos para pistas de lodo conducen sus motos alrededor de las curvas finales. Los motores retumban. El piloto de la moto número 18 toma la delantera.

The riders speed up after the turns. Number 18 still has the lead. The riders on bikes 52 and 259 battle for second place.

Los pilotos aceleran después de las curvas. El número 18 sigue a la delantera. Los pilotos de las motos 52 y 259 pelean por el segundo lugar.

The rider on the number 52 bike cranks his throttle and gains on number 259. Number 18 wins. Number 52 is close behind.

El piloto de la moto número 52 acelera y se adelanta al número 259. El número 18 gana. El número 52 le sigue muy de cerca.

BLAZER FACT

Some dirt bike riders practice on mountain bikes to get to know the track.

DATO BLAZER

Algunos pilotos de motos para pistas de lodo practican en bicicletas de montaña para familiarizarse con la pista.

Dirt Bike Traction/ Tracción de motos para lodo

Dirt bikes are lightweight. They handle well on dirt, mud, and sand.

Las motos para pistas de lodo son ligeras. Se manejan bien en la tierra, en el lodo y en la arena.

Dirt bike tires have deep tread. Bumps and grooves allow the tires to grip the dirt better.

Las llantas de las motos para pistas de lodo tienen dibujos profundos. Las protuberancias y los surcos permiten que las llantas se sostengan mejor en la tierra.

DATO BLAZER

Los pilotos usan diferentes llantas para diferentes pistas. Usan llantas con dibujo más profundo en la tierra suelta o en el lodo.

BLAZER FACT

Riders use different tires for different tracks. They use tires with deeper tread for loose dirt or mud.

Dirt Bike Speed/ Velocidad de motos para lodo

Dirt bike racers quickly gain speed. They go fast enough to land safely after 80-foot (24-meter) jumps.

Los pilotos de motos para pistas de lodo alcanzan una gran velocidad rápidamente. Llevan suficiente velocidad para aterrizar de forma segura después de saltos de 80 pies (24 metros).

Riders use controls on the handlebars.
The throttle and brake change the bike's speed.

Los pilotos usan controles instalados en
los manubrios. El acelerador y el freno cambian
la velocidad de la moto.

DATO BLAZER

Hay pilotos de hasta cuatro años de edad que corren en pequeñas motos para pistas de lodo.

BLAZER FACT

Riders as young as four years old race small dirt bikes.

Dirt Bike Diagram/ Diagrama de una moto para lodo

Exhaust/
Escape

Tire/
Llanta

Handlebars/
Manubrios

Shock Absorbers/
Amortiguadores

Engine/
Motor

Dirt Bikes in Action/Motos para lodo en acción

Riders race in motocross and supercross events. Motocross races take place outdoors. Supercross races are indoors.

Los pilotos compiten en eventos *motocross* y *supercross*. Las carreras de *motocross* se realizan al aire libre. Las carreras de *supercross* se realizan en lugares bajo techo.

Jeremy McGrath was the first dirt bike racing star. He was a supercross champion seven times.

Jeremy McGrath fue la primera estrella de las carreras de motos para pista de lodo. Fue campeón de *supercross* en siete ocasiones.

DATO BLAZER

Jeremy McGrath compitió por primera vez en motos BMX a los 10 años de edad. A los 14 años de edad, cambió a motos para pista de lodo.

BLAZER FACT

Jeremy McGrath first raced BMX bikes when he was 10 years old. At 14, he switched to dirt bikes.

Freestyle is the newest dirt bike event. Riders do backflips, spins, and grabs off huge ramps.

El estilo libre es el evento más nuevo de motos para pista de lodo. Los pilotos saltan desde rampas enormes, haciendo el salto mortal, girando y haciendo piruetas.

DATO BLAZER

Mike Metzger y Travis Pastrana fueron los primeros pilotos en hacer el salto mortal en competencias.

BLAZER FACT

Mike Metzger and Travis Pastrana were the first riders to do backflips in competitions.

Ricky Carmichael is one of the best
dirt bike racers. In 2002, he won his fourth
motocross championship.

Ricky Carmichael es uno de los mejores
pilotos de motos para pista de lodo. En el año
2002 ganó su cuarto campeonato de *motocross*.

DIRT BIKE RACERS SPEED THROUGH MUD! /
¡LOS PILOTOS ATRAVIESAN EL LODO A TODA VELOCIDAD!

GLOSSARY

handlebars—the bars at the front of a dirt bike that are used for steering

lightweight—not heavy

motocross—a sport in which dirt bikes race on an outdoor track

supercross—a dirt bike race that takes place on an indoor track

throttle—a grip on the handlebar that controls how much fuel and air flow into a dirt bike engine

INTERNET SITES

FactHound offers a safe, fun way to find Internet sites related to this book. All of the sites on FactHound have been researched by our staff.

Here's how:

1. Visit *www.facthound.com*
2. Choose your grade level.
3. Type in this book ID **0736866310** for age-appropriate sites. You may also browse subjects by clicking on letters, or by clicking on pictures and words.
4. Click on the **Fetch It** button.

FactHound will fetch the best sites for you!

GLOSARIO

el acelerador—una palanca en el manubrio que controla la cantidad de combustible y aire que entra al motor de la motocicleta

ligero—no pesado

los manubrios—las barras al frente de una motocicleta que se utilizan para conducirla

motocross—un deporte en el que las motos para pistas de lodo corren en una pista al aire libre

supercross—carrera de motos para pistas de lodo que se realiza en una pista bajo techo

SITIOS DE INTERNET

FactHound proporciona una manera divertida y segura de encontrar sitios de Internet relacionados con este libro. Nuestro personal ha investigado todos los sitios de FactHound. Es posible que los sitios no estén en español.

Se hace así:

1. Visita *www.facthound.com*
2. Elige tu grado escolar.
3. Introduce este código especial **0736866310** para ver sitios apropiados según tu edad, o usa una palabra relacionada con este libro para hacer una búsqueda general.
4. Haz clic en el botón **Fetch It.**

¡FactHound buscará los mejores sitios para ti!

INDEX

ÍNDICE